Es war einmal ein großes weißes Ei

Text: Lennart Hellsing · Bild: Fibben Hald
Deutsch von Ursula Kroenberg

Hermann Schroedel Verlag KG
Hannover · Dortmund · Darmstadt · Berlin

Es war einmal ein großer, fremder Vogel.
Der setzte sich an das Ufer und dachte
an nichts Besonderes.
Auf einmal aber breitete er seine Flügel aus,
seufzte ein wenig und legte ein Ei!
Dann flog er fort – wohin? Niemand weiß es.

Da liegt nun das Ei.
Es schläft. – Vorläufig!

Aber ein Ei ist nicht leer – es ist gefüllt.
Bestimmt wird etwas daraus.
Darum fängt das Ei an, nachzudenken: Ich will bald groß werden!
Alle wollen bald groß werden, auf jeden Fall *etwas* größer.

Vielleicht ein Ei-Stein?
Man kann ihn auf den Schreibtisch legen oder
auf das Fensterbrett oder auf den Schrank.
Ein blankgeputzter Ei-Stein, welcher wie ein Ei
aussieht, ein künstliches Ei. – Im Museum?

Nein, nein, das ist langweilig,
ich will nicht bloß stilliegen, denkt das Ei.
Ich weiß, was ich will: Ich will Flügel haben
und hoch hinauf fliegen und wieder herunter.
Ja, das ist es, was ich will:
Fliegen, fliegen, fliegen.

Oder vielleicht lieber schwimmen?
Vielleicht sogar tauchen – mitten zwischen die Fische tauchen,
und einen kleinen Fisch (keinen großen!) aufessen?
Schlimm für die Fische, aber was ich tun will,
das muß ich tun.

Füße will ich auch haben,
zwei oder vier Füße?
Nein, zwei sind genug.

Das würde sonst zu teuer
mit den vielen Schuhen und zu mühsam,
sie immer alle zu putzen.

Ja, nur zwei Füße (mit Beinen!).
Und lieber zwei Arme dazu.

Nein – was soll ich mit den Armen?
Ich tausche sie gegen zwei Flügel,
das ist viel besser.

Ich habe dann, denkt das Ei,
zwei Füße (mit Beinen!), welche gehen können,
und zwei Flügel, welche winken können!
Alles da, um zu fliegen.

Ein Auge muß ich aber haben, damit ich sehen kann,
wohin ich fliege oder gehe oder schwimme.

Eigentlich ist es aber ebenso gut,
zwei Augen auf einmal zu nehmen,
denkt das Ei,
damit ich eine Brille tragen kann,
wenn das einmal nötig ist.
Brillen sind für solche, welche zwei Augen haben. Darum haben sich
wohl auch die meisten für zwei Augen entschieden.
Das geht mir genauso, und das tue ich auch!

Was will ich noch haben? – Essen will ich natürlich.
Also muß ich einen Mund haben oder einen Schnabel. Und einen Magen,
wo alles hineinkommt, was ich esse.
Lieber gleich einen ganz großen Magen,
damit noch Platz für alles Mögliche ist: Murmeln und ein Springseil
und ein Bett, wenn man müde wird.

Müde wird man oft, sogar schon morgens, – stimmt das?
Dann ist es aber dumm, das Bett im Magen zu haben.
Ich habe noch niemanden gesehen, der ein Bett im Magen hat.
Wenn ich also wünsche, vier Beine zu haben, an jedem Ende eines,
dann kann ich ja selbst ein Bett sein. Das ist sehr gut!

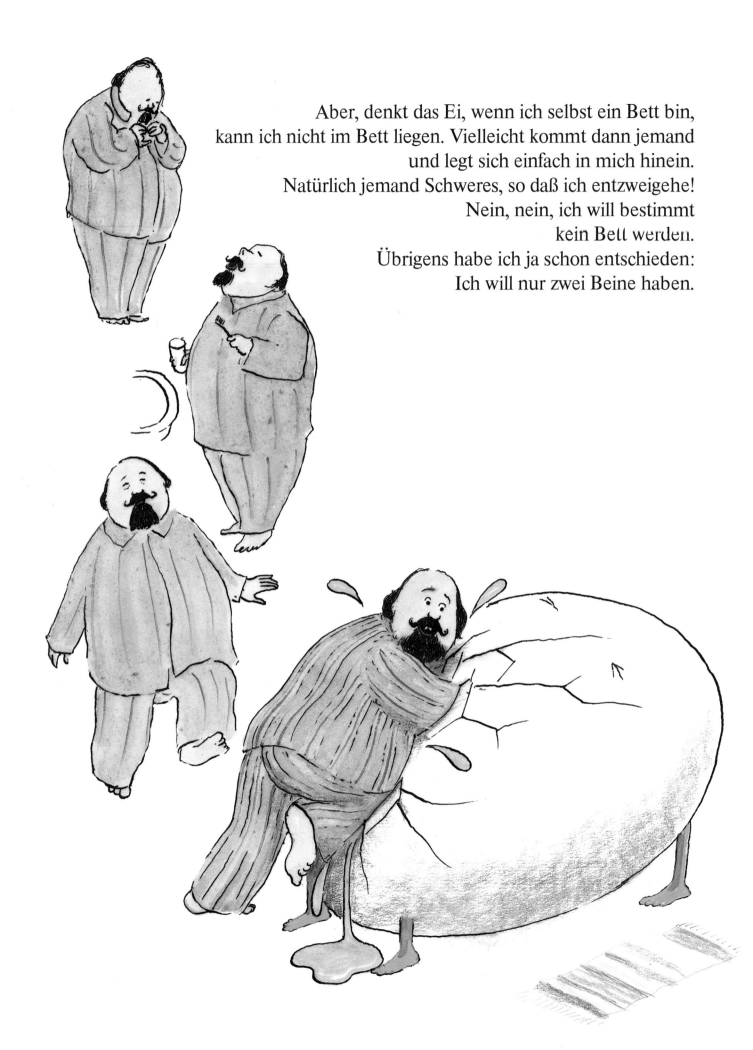

Aber, denkt das Ei, wenn ich selbst ein Bett bin,
kann ich nicht im Bett liegen. Vielleicht kommt dann jemand
und legt sich einfach in mich hinein.
Natürlich jemand Schweres, so daß ich entzweigehe!
Nein, nein, ich will bestimmt
kein Bett werden.
Übrigens habe ich ja schon entschieden:
Ich will nur zwei Beine haben.

Ich will mir etwas anderes ausdenken,
etwas mit drei Beinen vielleicht!
Zwei richtige und ein Bein in Reserve,
wenn mal eines kaputtgeht.
Oder ich bin ein Schemel oder ein Kaffeetopf.
So einer von früher mit drei Beinen.
Nein, nein, warum ein alter Kaffeetopf?
Ein dreibeiniger Kaffeetopf ist unmodern.
Heute haben Kaffeetöpfe überhaupt keine Beine,
nicht mal zwei!

Ganz still liegt das Ei und denkt immer noch
darüber nach, daß es etwas in sich hat,
und was daraus wohl werden könnte. – Schwer ist das.
Erst will das Ei etwas, dann will es wieder etwas anderes,
weil es glaubt, das sei besser.
Dann bringt es alles durcheinander.
Und bevor es wieder weiterdenkt – schläft es einfach ein.

Eier schlafen ziemlich viel und träumen dann gelbe Träume.
Manchmal sind es lustige Träume: Wenn man Geburtstag hat
und Kuchen mit Kerzen darauf bekommt, oder ein Fahrrad
oder einen Fußball.

Aber manchmal sind es schreckliche Träume: Wenn man zum Beispiel
selbst ein Fußball ist und von anderen Eiern getreten wird.
Oder – oh Schreck – es wird gar nichts aus dem Ei,
weil gar nichts drin ist!
Das Allerschlimmste sind die Osterträume.
Eier mögen Ostern überhaupt nicht. Du verstehst sicher, warum?

Als das Ei aufwacht, ist Ostern zum Glück schon vorbei.
Es ist Frühling und der Kuckuck ruft.
Er ruft so laut und so oft, daß das Ei sich verschluckt –
und aufplatzt!
Das also ist innen drin gewesen?
Bald wird es ganz herausschlüpfen.

Was da aus dem Ei herausschlüpft, hat ganz richtig
zwei Beine
zwei Flügel
zwei Augen
einen Schnabel
einen Magen
und außerdem zwei Dinge,
welche das Ei vergessen hatte, sich auszudenken: zwei Ohren.
Und weil das Ei sie vergessen hatte,
sind sie ganz klein, aber sie gehören dazu.
Glaubst du jetzt, daß das Ei endlich zufrieden ist?
Keine Spur.

Es ist ja ganz gut und schön, ein kleiner Vogel zu sein.
Aber man *will* ja ein *großer* Vogel werden.

Das ist bei jedem so.
Gleich will er das haben, was andere haben.
Weil das natürlich größer und besser ist.

Das Ei – aber jetzt ist es kein Ei mehr –
will also größer werden und klüger, und das haben, was besser ist.
Also fängt es an, zu lernen,
und lernt immer noch etwas dazu:
Futter holen, herumgehen, fliegen und sogar schwimmen.
Es geht auch in die Schule und lernt alles mögliche.
Größer ist es nun schon geworden und auch ein bißchen klüger,
aber zufrieden ist es immer noch nicht.

Das Ei – schon lange kein Ei mehr – ist traurig geworden
und sitzt nun auf dem Sofa, um nachzudenken, was es tun soll.

Es denkt: Ich bin jetzt ein Vogel.
Das mit dem Ei ist schon lange her.
Nun will ich aber alles tun,
wovon ich geträumt habe.

Ich weiß es jetzt. Jetzt weiß ich,
was ich machen werde.
Ich werde ein Ei legen!
Und aus diesem Ei wird etwas kommen,
das wird alles können,
was ich schon kann.
Aber es wird noch höher fliegen,
noch tiefer tauchen
und noch weiter springen.
Das wird wunderbar sein!

Und der große Vogel breitet seine Flügel aus,
schüttelt seine Federn ein wenig,
seufzt ganz leise und legt ein Ei.
Ja, und dann fliegt er fort – wohin wohl?

Da liegt nun wieder ein Ei,
schläft und kennt noch nichts anderes.
Vorläufig . . . . .

CIP-Kurztitelaufnahme der Deutschen Bibliothek

Hellsing, Lennart
Es war einmal ein großes weißes Ei
Text: Lennart Hellsing, Bilder: Fibben Hald. Dt. von Ursula Kroenberg.
Hannover: Schroedel, 1980.
Einheitssacht: Ägget «dt.»
ISBN 3−507−62352−8
NE: Hald, Fibben.

ISBN 3−507−**62352**−8
© 1978 by Lennart Hellsing och Fibben Hald
Published by AB Rabén & Sjögren Bokförlag, Stockholm
Der Originaltitel lautet: Ägget

Made and printed in Germany 1980
Gesamtherstellung: Konkordia GmbH für Druck und Verlag, Bühl/Baden

Hermann Schroedel Verlag KG
Hannover · Dortmund · Darmstadt · Berlin